LES THERMES

DE

PLOMBIÈRES

AU

XVIe SIÈCLE

PLOMBIÈRES
CHEZ TOUS LES LIBRAIRES

1882

Don de M. Victor Bouton.

LES THERMES

DE

PLOMBIÈRES

AU

XVIE SIÈCLE

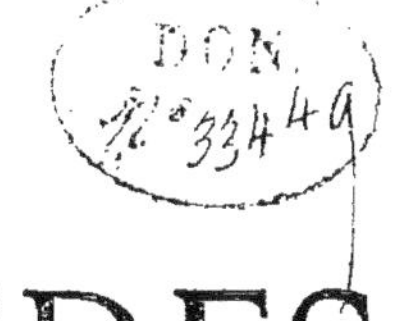

PLOMBIÈRES
CHEZ TOUS LES LIBRAIRES

1882

LES THERMES
DE
PLOMBIÈRES
AU
XVIe SIÈCLE

Un Amateur vient de réunir et de publier en seize pages, sur beau papier vergé, véritable hollandais, ce qu'ont dit, sur les *Thermes de Plombières,* quatre des plus célèbres Docteurs du XVIe siècle, c'est-à-dire d'il y a quatre cents ans : Gilbert Fusch, qui fut médecin d'Erard de La Marck, de Marie de Lara, de Philibert de Savoie ; Henri Gundelsinger, professeur à Fribourg, en Suisse ; Conrad Gessner et Joachim Camerarius, que le Sénat de Nuremberg envoya à la Diète d'Augsbourg et qui publia, avec son ami Mélanchthon, le célèbre document connu sous le nom de *Confession d'Augsbourg* : Camerarius a composé un petit poème plein d'humour sur Plombières et on nous en donne une traduction.

L'Amateur Lorrain qui nous offre ces pages, y a joint le fac-similé d'une vieille et grande gravure sur bois, tirée d'un in-folio publié à Venise, en 1554, représentant le Bain de Plombières *(Balneum Plummers)*, à ciel ouvert, comme il était en ce temps-là, entouré de huit maisons d'habitants, véritables hôtelleries privées, « *family hotels* », dont on voit les enseignes : Au Tau de S. Antoine, à la Croix de Savoie, à la Croix de Malte, au Renard, à la Fleur de Lys, à la Cloche, au Grand Chapeau, et enfin l'Hôtel des Voyageurs.

Cette plaquette n'a été tirée qu'à deux cents exemplaires; c'est un vrai bijou d'amateurs, et, comme ce n'est pas une spéculation, on en trouve quelques exemplaires au prix de 3 francs, chez A. PATAY, Libraire-Éditeur, 18, rue Bonaparte, à Paris.

1er Mai 1882.

Paris. — Imp. Motteroz, 54 bis, rue du Four.

LES THERMES

DE

PLOMBIÈRES

AU

XVIe SIÈCLE

Au seizième siècle, la vie publique dans les Vosges était plus développée qu'aujourd'hui.

La Lorraine était un passage continuel entre le Nord et le Midi, entre les provinces Belgiques, et le Bourgogne; et les grandes familles du Rhin « habituées en Lorraine » y ayant des parents, des alliés et des amis, y faisaient un séjour continuel, attirées par les eaux de Plombières qu'elles préféraient à toutes ses rivales de l'Alsace, de la Westphalie, du Wurtenberg, de la Bohême et de toute la Germanie. On remontait le Rhin, le Rhône et le Danube pour venir se retremper dans ces eaux plombées, à nulles autres pareilles, les premières du monde, même dès le temps des Romains.

Qu'il soit donc permis au représentant d'une des vieilles familles de ce pays, de recueillir les témoignages épars et les souvenirs qui se rattachent à ces thermes enviés. On ne sait pas assez aujourd'hui quelles secrètes énergies renferment ces eaux ~~enviées~~ et combien elles remettent à neuf un corps ulcéré.

Les médecins d'autrefois, qu'on ne payait pas pour mentir, et qui ne vantaient pas Vichy ou les bords de la mer aux dépens de la santé publique, avaient pour Plombières une sorte de vénération : ils en parlaient avec une espèce d'orgueil et le recommandaient avec enthousiasme. Ils avaient raison.

La vie autrefois était heureuse dans ces contrées. Les plus grands seigneurs logeaient chez l'habitant et s'y trouvaient bien. Les princes ne s'en plaignaient pas, et les princesses étaient bien soignées.

Voici d'abord l'avis de Fuchsius, sur les Eaux Plombées de la Lorraine: *De Plombariis thermis in Lotharingia.*

Dans les montagnes de la Lorraine, dit-il, sont des bains que l'on nomme Plumbers comme Plombées, pour ce que ses eaux renferment une mixture abondante de plomb. In Lotharingiæ montanis balnea sunt quæ Plumbers, quasi plumbea ob nimirum copiosam plumbi mixturam, vocantur. Constant ex plumbi, ut diximus, sulfuris et aluminis commixtione : c'est comme si l'on disait un mélange de souffre et d'alun. La science moderne n'a pas mieux dit.

Avec une clarté sans égale, il s'adresse à ceux qui souffrent de maladies réputées incurables : Auxiliantur malignis et curatu difficilibus ulceribus, cancro, phagedenis, fistulis, elephantiae recens ceptae et omnibus cutis vitijs. Vous tous qui souffrez de maladies devant lesquelles la science est impuissante, de fièvres malignes, de pustules charbonneuses, de fistules, d'elephantiasis et de toutes les maladies de la peau, venez donc à Plombières! Vous tous qui vous livrez aux charlatans, aux remèdes secrets, aux découvertes de la science, et que la science a condamnés à la souffrance, jusqu'à mourir, venez donc à Plombières et vous guérirez !

Et cela, écoutez-le bien, cela était connu du monde entier au quinzième siècle : horum mentionem facere placuit q̄ ex omni ferè genere terrarum homines illuc commigrent : de tous les coins de la terre on y vient !

Après Fuchsius, Gundelsingerus n'est pas moins précis et affirmatif.

Il y a, dit-il, auprès de la Belgique, des eaux thermales appelées en latin Plombinum, vulgairement dit Plummers, parce qu'elles passent sur des mines de plomb dont elles reçoivent les qualités et les forces naturelles. Elles éloignent les serpents, les vipères, les vers et toutes les vermines de la terre et du corps.

Jamais le choléra n'a osé passer par Plombières : Sunt et apud Belgas thermae, Plumbinum, vulgo Plummers, a plombi minera nuncupatae, cuius qualitates et vires récipiunt. Hae serpentibus, viperis, aliisque vermibus crebro contaminantur. Praeter plumbum continent etiam nitrum et alumen. Unde vires earum facile aestimabunt medici. Outre le plomb, ces eaux renferment du nitre et de l'alun ; c'est pourquoi les médecins estiment leurs qualités avec empressement, *facile*, de tout cœur.

Mais de toutes ces vives et franches paroles aucune n'est plus curieuse que celle de Camerarius. Il a vu Plombières, il y a vécu. Sa mauvaise humeur est un témoignage de sa sincérité, et c'est en vers latins qu'il a mis sa science et raconte son voyage. Le voici :

De eisdem Thermis Plumbarijs hendecasyllabi Phaletij Ioachimi Camerarij.

In thermas Vogesi jugi profectus,
Plumbi nomine quas solent vocare,
Mersi me liquidam statim in paludem,
Divae numine fultus illius, qua
Fretus navita transfretare fluctus
Insani maris audet, et furentis
Saevas despicere Africi procellas.
Et mercator ad ultimos abire

Indos non dubitat, proculque terras
A nostro sequitur polo remotas,
Haec lactat miseros, jubetque vitam
Morbis debilitatem, egentem, inertem,
Aerumnis, senio, dolore fractam,
Conservare tamen. Crucem haec ferentes
Vita denique deserit perempta :
Illa et nos levat, a domo atque nostris
Cara conjuge liberisque caris,
Tam sese procul usque persecutos
In rupes Vogesi inviosque montes,
Praeclarissima diva, Spes, Dearum.
Sed quae vita sit his locis, requirit
Si quis sorte, mei docere versus
Tentabunt, faciles, leves, jocosi,
Ut res est quibus applicantur illi.

Primum valle locus patet recurva
Diversoria quem undequaque cingunt.
In quo foemina, vir, puer, puella,
Pauper, nobilis, eruditus, infans,
Et tardus senio, et levis juventa,
Quique est integer, et cicatricosus,
Quique et saucius est et ulcerosus,
Sanus, morbidus, universi eodem
Undae membra fovent lacu calentis.
Quem circum paries datus coercet,
Passus qui bis habet ferè ducentos.

Hic sub frondifero est videre tecto,
Concedisse pecuniosores,
Conductis precio locis soluto.
Quae magna undique turba circum adhaeret,
Furcis nisa, et ad usque mersa mentum.
Necnon per vitream vagans paludem,
Molem et corporis et gradus labantes
Furcatis vehitur regens bacillis,

Omnis conditio, ordo, sexus, aetas.
Multi et per medium lacum natantes
Supra fluctivagas feruntur undas.
Hic stans eminet usque ad umbilicum,
Ille in gurgite se subinde mergit.
At qua fons scatet aestuans in ora,
Et labrum prope saxeum paludis,
Effœtique senes, anusque siccae
Nigrum, debile, flaccidumque vulgus,
Exanguis, tremula, invenusta turba,
Obsessu loca pertinace servat.
Cuius fons animae gelu tepescit
Pura et sordibus inquinatur unda.
At pulchrae, nitidae, venustae, amœnae,
Formosae, cute splendida, elegantes,
Ridentes, Paphiae nurus, puellae,
Nutricum tenus è locu eminentes,
Pectus lineolo super chitone
Velatae niveum et sinus patentes,
Reddunt omnia luculenta visu,
Contactuque suo lacum serenant.
Quarum triste oculis renidet aequor,
Et turbata hilarescit unda vultu.
Illae per mare complices vehuntur
Ingressuque meant salaciore.
Flagrant lumina, pupulae relucent.
Malae purpureo nitent colore,
Buccæ puniceo micant rubore.
Tales parvula comparare magnis
Si fas est, Galatea te sorores
Circum Nerea congregatae in alto
Stipant, marmoreos secantque fluctus
Nexae brachia candida, at meatu
Fluctus Carpathij reciprocantur,
Et cedunt tamen obvijs deabus
Sulcos lacteolae imprimunt papillae,
Inous latus et femur Palaemon,

Et Glaucus comes implicant utrinque,
Tritonesque sonora flabra conchis
In fluctum aequoris inque littus aedunt.
Has inter fuerit libido si cui,
Uti conditionibus licebit
Diversis, neque enim modi unius, nec
Gentis sunt vitreo in lacu puellae.
Nec tantum intereunt viros diurnae,
Sed noctu quoque comminus feruntur.
Talem vitam hominum fuisse credo,
Te Saturne tenente regna mundi.
Talis nunc quoque vita beluarum
Sylvae est, optima vita, sub latebris,
Quae per gramina liberae vagantur
Nullis legibus, aut necessitate
Astrictae, sine jure, more, ritu.
In coetu hoc igitur locoque tali,
Hic clamat, canit ille, ridet alter,
Alter mussitat, alter acquiescit,
Hic tussit, screat illae, ructat iste,
Iste emungitur, aut spuit, scabitue
Squamosum è cute corticem strigosa.
Est et qui queritur, dolet, gemiscit.
Quidam laudat aquas, docetque quanto
Parvo tempore sit malo levatus,
Ostenditque manum pedemvé laesum.
Quidam nil sibi profuisse dicit
Saevusque immeritam execratur undam.
Ast parte ex alia cibus petenti
Aut potus datur aridaeque fauces,
Sub limphae irriguo eluuntur amne,
Quae de vertice ducta montis alti
Mille à passibus et ferè trecentis
Aestum mitigat igneumque flumen.
Extra sed domibus locum sub ipsis
Potant, aut epulantur, aut choreas
Laetantes agitant, ibi quiescit

Et somnum capit ille fessus ; alter
In sylvas abit et nemus propinquum,
Ortus per juga fontiumque quaerit.
Est qui languidus expetit salutem,
Atque aeger medicam manum requirit.
Est et qui moritur, forasque fertur
Haeredem monachum miser relinquens.
Haeredem omnibus execrabilem, et qui
Haeres legitimus suusque quodam,
Cuiusque est, veteri loci instituto.

Sic vita his agitur locis, at aera
Inter deminuuntur haec, inanis
Et fit perula tenuium, ergo lautos
Illautosque simul redire cernas
Diversas patrias suasque terras.
Illos tristiculos parumque alacres
Hos successus alit, nec illa quosdam
Solos diva comes semel secuta
Tum Spes deserit, ac domos reducit,
Consolans miseros levansque mistam
Duro sollicitudinem labori.
Ac discedere gestiunt prope omnes,
Nam gens illa nominum est inhospitalis
Stultè relligiosa, iners, inepta.
Non Romana quidem, ut volunt vocari
Sed ruris Getici vetus propago.
In qua se velit esse poenè nemo
Omnes et cupiant fuisse et optent.

Conradi Gesneri finis.

La traduction de ce petit poëme était difficile à faire. L'auteur en est un peu morose comme tous les malades et roide comme un protestant; mais la peinture de ce qui se faisait alors à Plombières, est un souvenir historique du plus haut intérêt.

Ce poète finit par une boutade où on devine qu'il n'avait plus le sou, quand il est parti, et qu'il aurait bien voulu rester encore.

Les paysans des Vosges, dans le coin reculé des montagnes, comme Plombières et Bussang, est une race de granit où le travail est dur et où il n'y a pas de mendiants.

Que dirait le poète, s'il voyait aujourd'hui ces Thermes la proie d'une Compagnie fermière, et les voyageurs, aussi bien que les hôtelliers, soumis à une exploitation sans frein. Que Dieu, le Dieu des bonnes gens, que Dieu protège les hôtelleries et les hôtelliers de Plombières ; que leur dur travail pendant quatre mois de l'année soit recompensé comme le méritent les soins assidus dont ils entourent le voyageur riche ou pauvre, et leur permette en hiver de dormir à leur aise malgré le vieux Camerarius.

SUR LES THERMES DE PLOMBIÈRES.

Étant partit pour les sources d'eaux chaudes des Vosges que l'on a l'habitude d'appeler Plumbi[eres], je me suis plongé aussitôt dans le grand bassin, confiant dans la Divinité qui protège le matelot sur la mer en courroux, donne courage au voyageur affrontant le furieux vent d'Afrique, et favorise le marchand partout jusqu'au fond des Indes, ou dans les régions éloignées de notre pôle. Cette Divinité soutient les malheureux auxquels elle commande de défendre leur vie contre la faiblesse, la souffrance, la langueur, la vieillesse et le chagrin qui la brisent, car cette vie finit par être enlevée assez tôt à ceux qui portent la croix de tant de misères : et cette Divinité qui nous arrache à notre demeure, à une épouse chérie, à des enfants adorés, et nous pousse vers les montagnes enviées des Vosges, — c'est l'Espérance.

Si quelqu'un par hasard veut savoir quelle vie on mène dans ces lieux, mes vers faciles, légers et joyeux comme le sujet qui les occupe, vont essayer de le lui apprendre.

D'abord dans un étroit et sinueux vallon, se trouve un bassin que des hôtelleries entourent de chaque côté. C'est là que tous, femme, homme, enfant, jeune fille, pauvre, noble, érudit, ignorant, la veillesse au pas lent, la jeunesse au pied agile, celui qui est intact, celui qui est criblé de cicatrices, celui qui est blessé, celui qui est couvert d'ulcères, celui qui est sain, celui qui est malade, tous enfin viennent rechauffer leurs membres dans ce grand bassin d'eau chaude, qu'un mur enserre dans tout son contour et qui a bien deux fois deux cents pas.

Ici les plus riches se casent sous des toits touffus, dans des logettes à part, qu'ils paient à leurs meneurs ; là les autres, le commun, roulent autour, au milieu, appuyés sur des fourches et se plongent jusqu'au menton. Des gens de toute condition, de tout rang, de tout sexe, de tout âge vont et viennent dans ce grand bassin toujours coulant, toujours limpide, guidant la masse de leurs corps et leurs pas chancelants appuyés sur de petits batons fourchus. Beaucoup se mettent à nager à travers les eaux; celui-ci se tient au-dessus et laisse voir son nombril; cet autre plonge au fond. Là, où la source bouillonne et jaillit près du bord rocailleux du bassin, se porte la foule des vieillards débiles, des vieilles femmes sèches, et cette foule noire, pâle faute de sang, tremblante et laide, assiège ce côté du bassin qu'elle emplit de sa crasse à vous donner le frisson.

Mais, d'un autre côté, de belles jeunes filles propres, grâcieuses, jolies, d'une peau splendide, souriantes, élégantes, vraies filles de Paphos, faisant sortir leur sein au-dessus de l'eau, ayant sur leur poitrine, blanche comme la neige, un léger voile de lin, renvoient avec grâce les baisers qu'on leur adresse. Leur présence donne au lac un air de sérénité; le flot étincelle sous leurs yeux et l'onde troublée semble s'égayer à leur vue.

Lorsque, plusieurs ensemble, elles s'avancent dans le lac et marchent d'un pas lascif, leurs yeux s'enflamment, leurs pupilles jettent des éclairs, leurs joues s'empourprent et leurs lèvres brillent du plus vif incarnat.

Telles, si l'on peut comparer les petites choses aux grandes, tes sœurs, ô Galathée, assemblées autour de Nérée sur la haute mer pour te faire cortège; elles fendent les flots marmoréens, entrelaçant leurs bras éclatants de blancheur, et les flots de Carpathos se retirent devant ces déesses dont les mamelles tracent un sillon blanc: Inoüs,

Palemon et Glaucus, leurs compagnons viennent les entrelacer et les Tritons aux conques recourbées poussent les vents et agitent les flots.

La passion peut naître de ces diverses circonstances; car ici, ces jeunes filles ne sont pas d'un seul genre, ni d'un seul pays; elles ne sont pas seulement le jour au milieu des hommes, mais encore elles vivent auprès d'eux sous le même toit pendant la nuit : telle est la vie humaine, ô Saturne, depuis que tu gouvernes le monde. Telle est aussi maintenant la vie des bêtes des forêts, vie excellente, dans des cavernes, vie libre à travers les prés, sans loi, sans contrainte, sans droit, sans règle, sans coutumes.

Dans un tel état donc et dans un tel lieu, l'un crie, l'autre chante, celui-ci rit, celui-là frédonne, cet autre se tait ou se repose. Ici on tousse, là on crache, d'un côté l'on rote, de l'autre, on se mouche ou l'on expectore, au fond on se gratte et fait tomber les croutes de sa peau.

Il en est qui se plaignent, qui geignent, qui pleurnichent; parfois on loue les eaux et on avoue qu'en peu de temps elles vous ont soulagé, et l'on allonge une main ou un pied guéris; peu osent dire que les eaux ne leur ont pas fait d'effet et lancent une mauvaise parole imméritée.

Mais d'un autre côté, on donne à boire et à manger à celui qui le demande, et son aride et sec gosier est humecté par le courant d'eau qui tombe du sommet de la montagne, élevé de treize cents pieds environ et qui tempère les ardeurs enflammées de l'atmosphère.

Dehors, chez les logeurs, on boit de l'eau des sources, on dîne, on danse gaîment. On se repose, si l'on est fatigué, on dort : d'autres vont se promener dans la forêt ou à la feuillée voisine et cherchent en montant la source des ruisseaux. Il en est qui languissent en attendant la guérison; il en est aussi qui cherchent la main du médecin pour recouvrer la santé. Celui qui meurt est porté dehors au loin, n'ayant, le malheureux, pour héritier qu'un moine qui devient son héritier légitime par un ancien usage de la localité.

Ainsi la vie se passe dans ces lieux; mais l'argent s'en va et la bourse diminue. Alors qu'on se soit baigné, ou pas, on revient chacun chez soi, on regagne sa patrie ou ses terres. Les uns assez tristes et peu vifs; les autres contents d'avoir réussi, heureux de se porter un peu mieux, et soutenus par la Divinité, la compagne qui les suit, l'Espérance qui les ramène à leur foyer, car c'est elle qui console les malheureux et allège les soucis qui pèsent sur leur dure existence et se mèle à leurs durs labeurs.

On quitte alors ce petit pays où l'on ne sait qu'avoir soin de ses hôtes, où l'on est libéralement religieux, et où l'on ne fait rien quand la saison des eaux est fermée.

Ce n'est pas une race qui descend des Romains, comme l'ont prétendu quelques-uns, mais des Gètes. Et comme on ne voudrait pas rester [en hiver] avec eux, on préfère retourner chez soi.

Gilbert Fusch ou Fuchs, médecin, né à Limbourg, à la fin du xve ou au commencement du xvie siècle, mort à Liége, en 1567. En 1529, il fut le médecin du prince-évêque de Liége, Erard de La Marck. Il déclina les offres brillantes que lui fit le duc Emmanuel-Philibert de Savoie. Il publia son livre : *De Acidis Fontibus sylvae Ardennæ,* c'est-à-dire *des Fontaines Acides de la forêt d'Ardenne*. C'est dans ce traité qu'il a parlé avec tant de savoir de la vertu des eaux de Plombières. Parmi les personnages de distinction qui ont eu recours à ses soins, on cite : Marie de Lara, Antoine de Mendoça et le Vénitien Agostino, premier médecin de Henri VIII.

Henri Gundelfinger, docteur allemand, mort vers la fin du xve siècle, fut professeur de littérature et chapelain de l'église de Fribourg, en Suisse.

Joachin Camerarius, né à Bamberg, en 1500, mort à Leipsig en 1574, fut un des célèbres érudits de l'Allemagne. Le Sénat de Nuremberg l'envoya, en 1530, comme député, à la Diète d'Augsburg, et publia avec Mélancton, son ami, le document célèbre connu sous le nom de : *Confession d'Augsbourg*. Il assista à la Diète de Ratisbonne.

Conrad Gesner, qui nous a gardé les fragments des trois savants qui précèdent, était un célèbre savant suisse, né à Zurich, en 1516, mort en 1565. Il étudia la médecine à Zurich, à Bâle, à Strasbourg, à Paris, à Montpellier. Il a composé un grand nombre d'ouvrages. Son histoire des animaux fut la base de tous les traités zoologiques publiés jusqu'au milieu du xviiie siècle.

Nous les remercions tous quatre de la justice qu'ils ont rendu aux eaux de Plombières, il y a bientôt quatre siècles.

Bruxelles. — Gobbaerts, imp. du Roi.

BALNEVM PLVMMERS.

PETITE BIBLIOTHÈQUE VOSGIENNE

Les Vosges : Plombières, Bussang, Contrexeville, Gérardmer ; les villes d'eaux, les chemins de fer, la pisciculture, 1877 . . . . » 50

EN PRÉPARATION :

Joseph Mathieu ou les Féculeries des Vosges ; un joli petit volume in-32 . . . . 1 »

Pierre Fourrier de Mattaincourt et les Maîtres d'École des Vosges au siècle dernier ; réimpression d'une rarissime plaquette de 1731 ; un petit in-32 . . . 1 »

Plombières anecdotique, recueil des Anecdotes sur la cité lorraine et ses environs ; un petit in-32. . 1 »

Bussang anecdotique, recueil des Anecdotes sur la vallée de la Moselle, du Thillot à Bussang ; un petit in-32 . . . . 1 »

Épinal et ses environs, le Chapitre des chanoinesses, le portrait de S. Goëry, le Boudiou, les gravots de Dogneville ; documents nouveaux ; un petit in-32 . . 1 »

Voëriot, graveur et ciseleur, son œuvre . . . . . 1 »

Les Bulletins du Siége de La Mothe, sous Louis XIV ; réimpression ; chaque bulletin . . . . 1 »

Etc., etc., etc.

www.ingramcontent.com/pod-product-compliance
Ingram Content Group UK Ltd.
Pitfield, Milton Keynes, MK11 3LW, UK
UKHW021039200726
13857UKWH00005B/1817

9 782013 022729